Bibliografische Information der Deutschen Nationalbibliothek:

Die Deutsche Bibliothek verzeichnet diese Publikation in der Deutschen National-bibliografie; detaillierte bibliografische Daten sind im Internet über http://dnb.d-nb.de/ abrufbar.

Impressum:

Copyright © 2008 GRIN Verlag, Open Publishing GmbH
Druck und Bindung: Books on Demand GmbH, Norderstedt Germany
ISBN: 9783640561834

Dieses Buch bei GRIN:

http://www.grin.com/de/e-book/145827/seminarunterlage-excel-2003-tipps-tricks

Michel Beger

Seminarunterlage Excel 2003 Tipps Tricks

GRIN Verlag

GRIN - Your knowledge has value

Der GRIN Verlag publiziert seit 1998 wissenschaftliche Arbeiten von Studenten, Hochschullehrern und anderen Akademikern als eBook und gedrucktes Buch. Die Verlagswebsite www.grin.com ist die ideale Plattform zur Veröffentlichung von Hausarbeiten, Abschlussarbeiten, wissenschaftlichen Aufsätzen, Dissertationen und Fachbüchern.

Besuchen Sie uns im Internet:

http://www.grin.com/

http://www.facebook.com/grincom

http://www.twitter.com/grin_com

Michel Beger

Seminarunterlage

Excel 2003

1   Inhaltsverzeichnis

2 Bezeichnungen in Excel

Microsoft Excel ist ein Tabellenkalkulationsprogramm, mit dem hauptsächlich Rechenoperationen durchführt werden.

Excel stellt als neue Datei ein Kalkulationsblatt zur Verfügung, auf dem Texte, Zahlen und vor allem Formeln und Funktionen eingegeben werden können.

Eine neue Datei wird in Excel als Arbeitsmappe bezeichnet. Eine Arbeitsmappe besteht aus mehreren Kalkulationsblättern (= Tabellenblatt = Tabelle = Blatt).

Ein Tabellenblatt ist in einzelne Zellen aufgebaut, jede Zelle hat eine eindeutige Adresse, die sich aus dem Buchstaben der Spalte und der Zahl der Zeile zusammensetzt. So gibt es nur eine Zelle A1 am Kreuzungspunkt zwischen der Spalte A und der Zeile 1.

Ein Tabellenblatt hat 65.536 Zeilen und 256 Spalten (die letzte Spalte ist die Spalte IV). Pro Tabellenblatt existieren somit 16.777.216 Zellen.

Wichtig ist in Excel die Bearbeitungsleiste bzw. –zeile. Diese Zeile zeigt an, was tatsächlich in der auf dem Kalkulationsblatt angewählten Zelle steht. Beispiel: Es wurde in Zelle B7 eine Summe gerechnet. Im Kalkulationsblatt ist das Ergebnis, also 180.000, zu sehen, in der Zelle steht aber tatsächlich eine Funktion: =SUMME(B4:B6).

Eine Eingabe in eine Zelle sollte immer bestätigt werden:

Bestätigung mit Taste	Ergebnis
Bestätigung mit Enter oder Returntaste	aktive Zelle springt in der Spalte eine Zelle nach unten
Bestätigung mit der Tab –Taste	aktive Zelle springt eine Zelle nach rechts
Bestätigung mit Enter oder Returntaste und gleichzeitig gedrückter Umschalt-Taste	Eingabe wird bestätigt, aktive Zelle bleibt die ursprünglich angewählte Zelle

3   Bewegen und Markieren im Tabellenblatt

3.1   Bewegen im Tabellenblatt mit Tastenkombinationen

Tastenkombination	Ergebnis
Strg + Pos1	aktive Zelle wird die Zelle A1
Strg + Ende	aktive Zelle wird die rechte untere Zelle eines zusammengehörenden Bereiches
Strg + ↓	aktive Zelle springt an das **untere** Ende des ausgefüllten Bereichs wenn keine Zelle unterhalb der aktiven Zelle ausgefüllt ist, springt die aktive Zelle in die Zeile 65.536 (letzte Zeile eines Tabellenblattes)
Strg + →	aktive Zelle springt an das **rechte** Ende des ausgefüllten Bereichs wenn keine Zelle rechts der aktiven Zelle ausgefüllt ist, springt die aktive Zelle in die Spalte IV (letzte (=256.) Spalte eines Tabellenblattes)

3.2   Markieren im Tabellenblatt mit Tastenkombinationen

Tastenkombination	Ergebnis
Strg + *	gesamter zusammenhängender Bereich wird markiert (Achtung: Zuvor muss in den Bereich geklickt werden!)
Strg + Umschalt + ↓	von der aktiven Zelle wird bis an das **untere** Ende des ausgefüllten Bereichs markiert
Strg + Umschalt + →	von der aktiven Zelle wird bis an das **rechte** Ende des ausgefüllten Bereichs markiert

4   Verändern der Tabelle

4.1   Einfügen von Spalten, Zeilen und Tabellenblättern

Die Elemente werden immer vor dem angewählten Element eingefügt.

Beispiel Tabellenblatt einfügen:

✍ Menü [Einfügen], Befehl [Tabellenblatt].

✍ Ergebnis: Das neue Tabellenblatt wurde vor dem aktuell angewählten Tabellenblatt eingefügt.

Beispiel Zeile einfügen:

✍ Menü [Einfügen], Befehl [Zeile].
   Alternativ: Rechtsklick, Befehl [Zellen einfügen].

Schneller geht es mit der Tastenkombination ⌜Strg⌟ + ⌜+⌟:

✍ Zeile markieren, dann ⌜Strg⌟ + ⌜+⌟

4.2   Löschen von Spalten, Zeilen und Tabellenblättern

Das gewünschte Element markieren, z. B. eine Spalte, oder die Einfügemarke in eine Zelle in der Zeile / Spalte setzen. Dann Menü Bearbeiten, Befehl Zellen löschen.

Falls ich ein gesamtes Tabellenblatt löschen möchte: Menü Bearbeiten Befehl Blatt löschen.
Wichtig: das Löschen von ganzen Tabellenblättern kann nicht rückgängig gemacht werden.

5 Formatierungen in Excel

5.1 Allgemeines

   Wichtig: in Excel kann ich wie in Word alles formatieren. Ich muss vor der Formatierung markieren, und zwar genau den Bereich, den ich verändern möchte.

   Mit der Formatsymbolleiste (2. Symbolleiste von oben) können Formatierungen angewählt werden. Alle Formatierungen, die dort nicht zu finden (wie z.B. Text um 90 Grad drehen), kann man über das **Menü [Format]**, **Befehl [Zellen]** anwählen. (Alternative: Rechtsklick, Befehl [Zellen formatieren].)

5.2 Benutzerdefiniertes Zahlenformat

Vorhandene Zahlenformate durch eigene ergänzen:

   Wichtig: Zuerst Bereich markieren.

   Menü [Format], Befehl [Zellen], Register [Zahlen], Kategorie [Benutzerdefiniert].

   Auf der rechten Seite ein Ausgangsformat wählen (z.B. #.##0,00)

🖝 Im Eingabefeld das Zahlenformat entsprechend aufbauen.
Im Beispiel wurde ein Zahlenformat gewählt, das positive Zahlen mit einer Nachkommastelle und führendem Plus und negative Zahlen ebenfalls mit einer Nachkommastelle und führendem Minus darstellt.

Folgendes ist bei Zahlenformaten zu beachten:

Zeichen	Bedeutung
0	Stelle, die auf jeden Fall belegt wird. Beispiel: 00000 stellt jede Zahl mit 5 Stellen dar -> 5 wird zu 00005 -> 8000 wird zu 08000 -> 68765 bleibt 68765
#	Stelle, die belegt werden kann. Beispiel: #.##0 definiert, dass eine Zahl, die 4stellig ist, einen Tausenderpunkt erhält. -> 5 bleibt 5 -> 1500 wird zu 1.5000
Text in Anführungszeichen, z.B. „Stk."	Zeichen wie €, Leerstellen, + oder - können ohne Anführungszeichen eingegeben werden, ansonsten muss Text in Anführungszeichen

Zeichen	Bedeutung
	gesetzt werden. Beispiel: #.##0 „Stk." schreibt den Text Stk. hinter die Zahl, ein Tausenderpunkt erscheint dann, wenn die Zahl vierstellig vor dem Komma wird.
*	Das Zeichen, vor dem der Stern steht, wird wiederholt, bis die Zelle gefüllt ist. Beispiel: +* 0,0 Das Pluszeichen steht links in der Zelle und die Zahl mit einer Kommastelle rechts. Der Zwischenraum wird mit Leerstellen aufgefüllt, da der Stern vor dem Leerzeichen steht.
#.##0,00;[Rot]- #.##0,00;0;"Beispieltext" @	Reihenfolge der Zahlenformate ist festgelegt: positive Zahl; negative Zahl; Null; Text Die Einträge werden jeweils durch ein Semikolon getrennt.
[Rot] [Blau]	Farbe des Zahlenformats. Beispiel: [Blau]+ 0,0;[Rot]- 0,0 Positive Zahlen werden mit führendem Plus und in blauer Farbe, negative Zahlen mit führendem Minus und in roter Farbe dargestellt.
%	Vorsicht beim Prozentformat: Das Prozentzeichen ist für Excel kein Text, d.h. man darf es niemals in Anführungszeichen setzen. Das Prozentzeichen rechnet die Zahl automatisch *100 und setzt das Prozentzeichen hinter die Zahl.

- Bei Zahlen mit Text (z.B. 23 Stück) ist es wichtig, dass nur die Zahl in die Zelle eingegeben wird, und das Wort (Stück) als Zahlenformat über die Zelle gelegt wird. Nur dann man mit den Zellen rechnen!

- Falls man ein negatives Zahlenformat oder die Zahl 0 im Zahlenformat ändern möchte, muss man die einzelnen Zahlenformate durch Semikola (= Strichpunkte) trennen (siehe Tabelle oben).

5.3 Beispiel für ein benutzerdefiniertes Zahlenformat

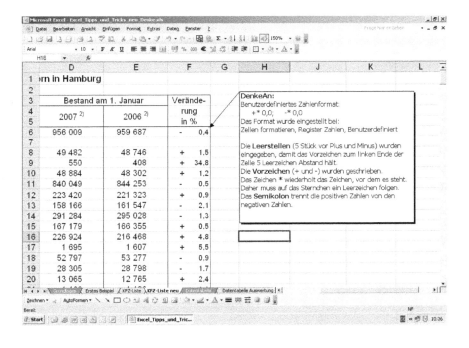

6   AutoAusfüllen in Excel

Wochentage, Monatsnamen, Texte mit Zahlen, Uhrzeiten werden von Excel als der Beginn einer Reihe interpretiert. Durch das Klicken und Ziehen mit dem AutoAusfüllenPlus (rechts unten an jeder Zelle und jedem Zellbereich) kann dann eine Liste erzeugt werden.

🖰   Zelle anklicken

🖰   auf das Quadrat rechts unten zeigen, ein schwarzes Plus erscheint

🖰   Klicken und Ziehen

⚖   Falls links neben der aktiven Zelle etwas steht und bis zum Ende der Liste kopiert werden soll: Doppelklick auf das AutoAusfüllenPlus.

Datumslisten oder Zahllisten sind ebenfalls möglich. Falls bei Zahllisten einen besonderer Schritt gewünscht wird, z. B. immer 0,7 dazu, muss man die ersten beiden Zahlen der Liste eingeben, beide markieren und dann mit dem AutoAusfüllenPlus ziehen.

Bei Text und Zahl wird zur Zahl immer 1 addiert, z.B. Zimmer 111, Zimmer 112, ... Falls ein anderer Schritt gewünscht, muss man diesen vorgeben.
Achtung: Leertaste zwischen Zahl und Wort nicht vergessen!

Eigene AutoAusfüllen-Textlisten erzeugen

🖰   Liste schreiben

🖰   Liste markieren

🖰   Menü [Extras], Befehl [Optionen], Register [Benutzerdefinierte Listen], Befehl [Importieren]

Nun kann man den ersten Eintrag der Liste in ein Tabellenblatt schreiben und durch Klicken und Ziehen auf dem AutoAusfüllenPlus die Liste fortführen.

Beispiel:
Bezirke in Hamburg oder kreisfreie Städte in Schleswig-Holstein.

7   Formeln in Excel

Eine Formel in Excel beginnt <u>immer</u> mit einem Gleichheitszeichen. Dann wird die erste Zelladresse eingegeben, dann der erste Operator, dann die nächste Zelladresse, usw.: Beispiel: =B5+B6+B7

Operatoren in Excel:

+   Plus

-    Minus

*   Multiplikationszeichen

/   Divisionszeichen

^   Potenz

Beste Möglichkeit, die Operatoren einzugeben: Mit dem Zahlenblock auf der rechten Seite der Tastatur.

Beispiel:

Formel für die Veränderrate =D6/E6*100-100

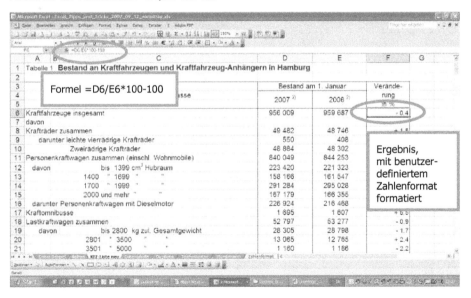

8   Absolute und relative Bezüge

8.1   Kopieren von Formeln und Funktionen

Wie Zahlen und Text kann man auch Formeln und Funktionen mit dem AutoAusfüllenPlus kopieren.

⤺   Ergebniszelle anwählen, in der die Formel oder Funktion steht.

⤺   Auf die rechte untere Ecke der Zelle zeigen, bis ein schwarzes Plus erscheint, dann klicken und ziehen.

⤺   Die Zellbezüge werden beim Kopieren angepasst.

8.2   Definition relative Bezüge

Werden Formeln **kopiert**, passt Excel die Zelladressen der zu kopierenden Formel im Zielbereich automatisch an die neuen Zellen an.

Bezug	Bedeutung
A1	relativer Bezug, beim Kopieren wird die Zeilen- und die Spaltenadresse angepasst
A1	absoluter Bezug, beim Kopieren wird nichts angepasst
$A1	gemischter Bezug mit fester Spaltenadresse und variabler Zeilenadresse: beim Kopieren wird nur die Zeilenadresse verändert, die Spaltenadresse bleibt fest
A$1	gemischter Bezug mit variabler Spaltenadresse und fester Zeilenadresse: beim Kopieren wird nur die Spaltenadresse verändert, die Zeilenadresse bleibt fest

relative Bezüge	absolute Bezüge
Werden Formeln kopiert, passt Excel die Zelladressen an. Excel sucht sich dann immer die neuen Datenzellen und übernimmt deren Adresse in die Formel.	Wenn beim Kopieren die Zelladressen nicht angepasst werden sollen, muss ich die Zelladresse mit der Funktionstaste F4 absolut setzen.

8.3   Definition absolute Bezüge

Wenn beim **Kopieren** die Zelladressen nicht angepasst werden sollen, benötigt man einen absoluten Bezug. Diesen kann man in der Formel oder Funktion an der richtigen Stelle, d.h. dort, wo der Bezug fest bleiben soll, mit Hilfe der Funktionstaste F4 erzeugen!

In anderen Worten: Ist in der Formel ein Verweis auf eine Zelle, die eine Konstante enthält, wie z. B. den Stundenlohn oder ein Prozentsatz, dann muss man diese Zelle mit Hilfe der F4-Taste absolut setzen!

Beispiel Stundenlohn-Berechnung: =C6*C3

In der Zelle C3 steht dann die Konstante, in diesem Beispiel der Stundenlohn.

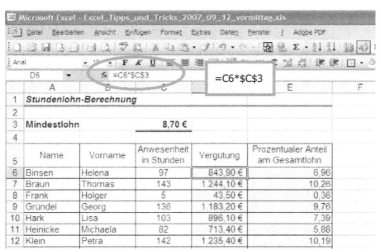

Ein absoluter Bezug enthält sowohl vor der Spalten- als auch vor der Zeilenadresse ein Dollarzeichen, also zwei Dollarzeichen. In diesem Beispiel ist der Bezug C6 ein relativer Bezug, der Bezug C3 ein absoluter Bezug.

9   Funktionen

Funktionen sind vorprogrammierte Rechenoperationen.

Sie sehen immer gleich aus:

=FUNKTIONSNAME(Zellenadresse: Zellenadresse)

9.1   Summenfunktion

Bei der Summenfunktion sieht dies dann so aus: =SUMME(B5:B7). In der Klammer steht das sog. Argument. Die Funktion wird folgendermaßen gelesen: Summe von B5 bis B7. Der Doppelpunkt steht für das Wort „bis".

Vorgehen:

1. Zielzelle anwählen

2. Auf die Schaltfläche für die Summenfunktion klicken ➜ Sigma (Σ) auf der Standard-Symbolleiste.

3. Die Funktion findet ihren Bereich selbst, dieser **muss** aber **kontrolliert** und gegebenenfalls durch klicken und ziehen über den richtigen Bereich **ersetzt** werden.

4. Mit Return bestätigen.

Hinweis: Falls Excel mehr als eine Zahl oberhalb der angewählten Zelle findet, wird die Spaltensumme der Zeilensumme vorgezogen.

9.2   Funktionsassistent

Die meisten Funktionen sind in Excel im Funktionsassistent zu finden. Nur die Funktionen SUMME, ANZAHL, MITTELWERT, MIN und MAX kann man über die Schaltfläche Σ auf der Standard-Symbolleiste verwenden.

Für die anderen Funktionen gilt:

1. Die Zielzelle anwählen

2. Auf die Schaltfläche f_x klicken, dann die gewünschte Funktion aussuchen, mit OK bestätigen (= 1. Schritt)

3. Im zweiten Schritt den Funktionsassistenten auf die Seite schieben, dann den schon angegebenen Bereich löschen und die Argumente im Funktionsassistenten ausfüllen.

4. Mit OK oder mit Return bestätigen.

9.3 Statistische Funktionen

Funktionsname	Zweck
MIN	berechnet die kleinste Zahl in einem Bereich
MAX	berechnet die größte Zahl in einem Bereich
MITTELWERT	berechnet den Durchschnitt der Zahlen in einem Bereich
MEDIAN	berechnet die Mitte der Zahlen, 50% der Zahlen im Bereich sind oberhalb, 50% der Zahlen unterhalb des Wertes

9.4 Weitere Funktionen (Auswahl)

Funktionsname	Zweck
ANZAHL	zählt alle Zahlen in einem Bereich
ANZAHL2	zählt alle Werte in einem Bereich, d.h. auch Text
ANZAHLLEEREZELLEN	zählt alle leeren Zellen in einem Bereich (siehe Beispiel unten)
ZÄHLENWENN	zählt die Zellen, die das angegebene Suchkriterium enthalten
WENN	kann abhängig von einer Gültigkeitsprüfung Werte ausgeben oder Berechnungen durchführen (siehe Beispiel unten)
SVERWEIS	sucht in einer Informationstabelle nach einem angegebenen Wert (Suchkriterium) und gibt den gesuchten Wert zurück
LINKS	gibt die Anzahl der Zeichen einer Zeichenfolge von vorne an
RECHTS	gibt die Anzahl der Zeichen einer Zeichenfolge von hinten an
ZÄHLEN	gibt die Anzahl der Zeichen einer Zeichenfolge an
FINDEN	sucht eine Zeichenfolge innerhalb einer anderen Zeichenfolge
ZEILE	gibt die Zeilennummer der angegebenen Zelle an
REST	gibt den Rest einer Division zurück

9.5   WENN-Funktion

Die Funktion WENN kann mit Bedingungen rechnen oder Text wiedergeben.

Beispiel: Wenn der Umsatz kleiner ist als 300.000 DM, dann erhält eine Person 4% Provision aus ihrem Umatz, sonst 8% Provision.

- ⁻◌   Die Funktion „Wenn" ist im Funktionsassistenten unter der Kategorie Logik zu finden (oder bei „Zuletzt verwendet" oder bei „Alle").

- ⁻◌   Zunächst fragt die Funktion nach einer Prüfung, z.b. ob der Umsatz kleiner als die Umsatzgrenze ist (B4<300000).

- ⁻◌   Im zweiten Schritt muss der dann-Wert eingeben werden, z.B. 4%*B4.

- ⁻◌   Im dritten Schritt muss der sonst-Wert eingeben werden, z.B. 8%*B4.

- ⁻◌   Die Funktion sieht dann so aus: =WENN(B4<300000;B4*4%;B4*8%)

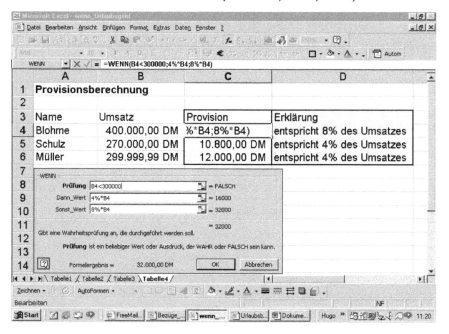

9.6   WENN-Funktion mit Text

Man kann als dann- und/oder sonst-Wert auch Text erzeugen lassen: Wenn Umsatz kleiner 300000, dann „entspricht 4% des Umsatzes", sonst „entspricht 8% des Umsatzes".

Beispiel:

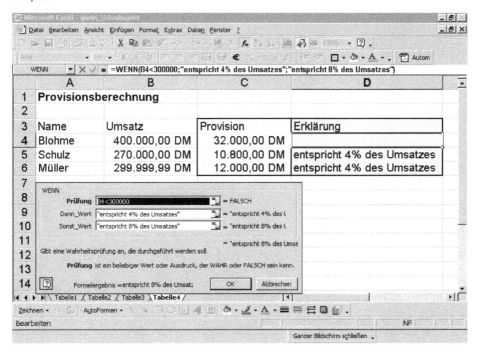

9.7 WENN-Funktion mit absoluten Bezügen

Besser ist es, die Umsatzgrenze und die Provisionssätze im Arbeitsblatt direkt anzugeben.

Wichtig: Falls die wenn-Funktion kopiert werden soll, müssen dann die Konstanten, d.h. Prämienbedingungen, als absolute Bezüge eingegeben werden!

Dann sieht z.B. die Prämienberechnung aus wie folgt:

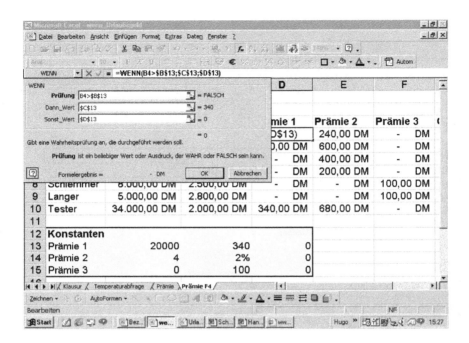

9.8 Funktion SVERWEIS

Die Funktion SVERWEIS sucht Daten aus einem senkrecht angeordneten Bereich.
SVERWEIS = senkrechter Verweis.

- In die Funktion müssen die Argumente Suchkriterium, Matrix, Spaltenindex und Bereich_Verweis eingeben werden.

- Das **Suchkriterium** ist der Wert, der in der Matrix gesucht wird.

- Die **Matrix** ist der senkrecht angeordnete Bereich, in dem gesucht wird. Meist sollte die Matrix mit absoluten Zellbezügen eingegeben werden (d. h. den Zellbezug mit der F4-Taste absolut setzen).

- Der **Spaltenindex** ist die Zahl der Spalte im Bereich, die die gewünschte Information enthält (Beispiel: Provisionssatz steht in Spalte 2 in der Matrix, deshalb ist der Spaltenindex 2).

- Bereich_Verweis, diesen kann man mit einem Wahrheitswert auf WAHR oder FALSCH setzen. Bei FALSCH wird nur nach **genau übereinstimmenden Werten** gesucht und die Matrix muss nicht sortiert sein. Bei WAHR muss kein genau übereinstimmender Wert in der aufsteigend sortieren Matrix gefunden werden, sondern es wird nach nächstliegenden Wert gesucht und der nächstkleinere Wert wird zurückgegeben. Achtung: Im letztgenannten Fall muss die Matrix sortiert sein.

Besser ist es, wenn die Matrix auf einem weiteren Tabellenblatt zu finden ist. Bei der Eingabe der Funktion wechselt man auf das entsprechende Tabellenblattregister und markiert die Matrix. Bitte daran denken: Die Matrix muss meist mit absoluten Zellbezügen eingegeben werden.

Vorgehen bei der Anwendung der Funktion SVERWEIS

Zuerst nachdenken: Was ist das Suchkriterium, wo steht die Matrix, in welcher Spalte der Matrix steht das gewünschte Ergebnis? Dann sollte man noch prüfen, ob eine genaue Übereinstimmung gesucht wird.

Vorgehen:

- Zielzelle anwählen = die Zelle, in der das Ergebnis dann stehen soll

- Funktionsassistent fx anwählen

- Funktion SVERWEIS suchen, anklicken und mit OK bestätigen

- Dann blinkt die Einfügemarke im Feld **Suchkriterium**. Suchkriterium anklicken.

- Im Funktionsassistent in den Bereich **Matrix** klicken, dann die gesamte markieren und diese mit der F4-Taste zu einem absoluten Zellbezug machen.

- Im Funktionsassistent in den Bereich **Spaltenindex** klicken und den Spaltenindex als Zahl eingeben, z.B. 2, wenn das gewünschte Ergebnis in der zweiten Spalte der markierten Matrix steht.

- Falls eine genaue Übereinstimmung gesucht wird: Im Funktionsassistent in das Argument **Bereich_Verweis** klicken und das Wort FALSCH schreiben.
Falls der nächstkleinere Wert in einer aufsteigend sortierten Matrix gesucht wird: Im Funktionsassistent in das Argument Bereich_Verweis klicken und das Wort WAHR schreiben.

10   Duplikate finden

Mit Hilfe des Funktion ZÄHLENWENN kann man in einer Liste nach Duplikaten suchen und die Anzahl des Vorkommens eines Eintrages in der Liste bestimmen.

Zusätzlich kann dann mit Hilfe des Autofilters selektiert werden und nur die mehrfach in der Liste vorkommenden Datensätze angezeigt werden.

- Vorbedingung: Ein eindeutiges Kriterium wie z. B. eine Identnummer oder eine GKZ muss vorhanden sein. Im gewählten Beispiel wird nach mehrfach vorkommenden Nachnamen gesucht.

- Eine Spalte in der Liste einfügen.

- Erste Zelle anklicken, Funktionsassistent aufrufen, Funktion ZÄHLENWENN suchen, mit Ok bestätigen.

- In das Argument Bereich wird der Bereich eingeben, in der das eindeutige Kriterium steht. Im gewählten Beispiel ist dies die Spalte A (A:A).

- Im Suchkriterium wird nun die Zelle im Datensatz angeklickt, die in diesem Datensatz das Kriterium enthält. Im gewählten Beispiel ist das die Zelle A4.

- Mit Enter oder Ok bestätigen.

- Die Funktion nach unten kopieren. Nun wird angezeigt, wie oft der Eintrag in der Liste vorkommt.

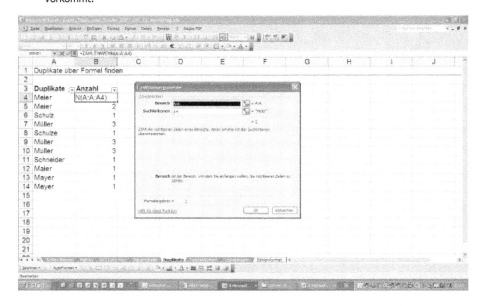

Nun muss noch der AutoFilter eingeschaltet werden: Menü [Daten], Befehl [AutoFilter]. Über den benutzerdefinierten Filter kann man nun die Datensätze filtern, die eine Zahl größer 1 enthalten.

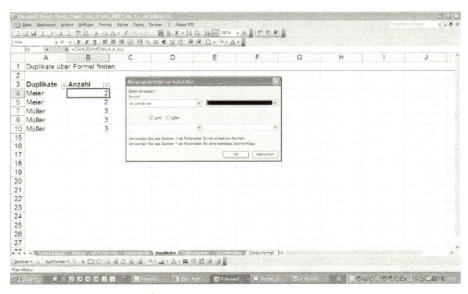

Zur farbigen Hinterlegung von Duplikaten siehe unten Kapitel Bedingte Formatierung.

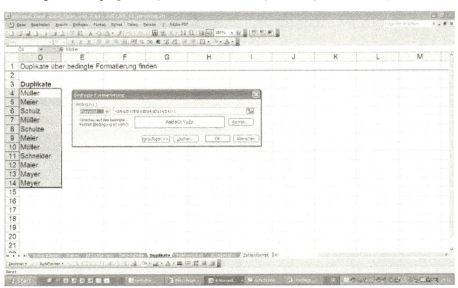

11 Sortieren

11.1 Daten sortieren

Um eine Liste in Excel zu sortieren, sollte man genau darauf achten, wo die Einfügemarke steht. Wichtig: Immer in die Spalte **klicken**, nach der sortiert werden soll.

- Zelle anklicken

- Schaltfläche A-Z für die aufsteigende Sortierung bzw. Z-A für die absteigende Sortierung anklicken

- fertig

Nach mehreren Kriterien sortieren:

- Menü [Daten], Befehl [Sortieren].

- Wenn die Sortierung an einer bestimmten Stelle unterbrochen werden soll, muss man eine eine leere Zeile einfügen.

11.2 Benutzerdefinierte Sortierreihenfolge

- Falls eine vom Alphabet abweichende Sortierung gewünscht wird, kann man im Menü [Daten] im Befehl [Sortieren] eine benutzerdefinierte Sortierreihenfolge wählen.

- Zuerst eine benutzerdefinierte Liste hinterlegen, siehe dazu Kapitel 6 AutoAusfüllen.

- Dann Menü [Daten], Befehl [Sortieren], Schaltfläche [Optionen]. Hier kann die benutzerdefinierte Liste als Sortierreihenfolge gewählt werden.

12 Daten filtern mit dem AutoFilter

Der Filter ist eine Möglichkeit, nur einen Teil der Daten aus einem Datenbankbereich anzuzeigen.

-⊕ Man muss in die Liste klicken.

-⊕ Menü [Daten], Befehl [Filter], Befehl [AutoFilter]

-⊕ Dann erhält man an jeder Spaltenüberschrift eine Pull-down-Liste, mit deren Hilfe aus dem Datenbereich einen Teilbereich auswählen kann.

Diesen Filter kann man über Menü [Daten], Befehl [AutoFilter] auch wieder ausschalten.

13 Bedingte Formatierung

Mit Hilfe des Befehles [Bedingte Formatierung] lassen sich Zellen abhängig von der Eingabe formatieren.

Beispiel 1: In einem Bereich sollen Zahlenwerte über 4000 gelb hinterlegt und Zahlenwerte über 3000 grau hinterlegt werden.

✍ Bereich markieren

✍ Menü [Format], Befehl [Bedingte Formatierung]

✍ Nun die erste Bedingung eingeben: Zellwert ist > 4000.

✍ Auf die Schaltfäche „Format" klicken und die gewünschte Formatierung festlegen. Im gewählten Beispiel ist dies die Hintergrundfarbe gelb (Register [Muster], gelbe Farbe anklicken), mit Ok bestätigen.

✍ Die zweite Bedingung eingeben: Zellwert ist > 3000. Wieder auf die Schaltfläche „Format" klicken und die gewünscht Formatierung festlegen, mit Ok bestätigen.

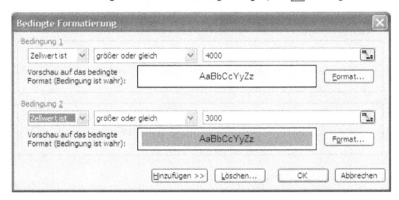

Beispiel 2: In einem Bereich soll jede zweite Zeile farbig hinterlegt werden.

Beispiel 3: In einer Liste sollen die Duplikate farbig hinterlegt werden.

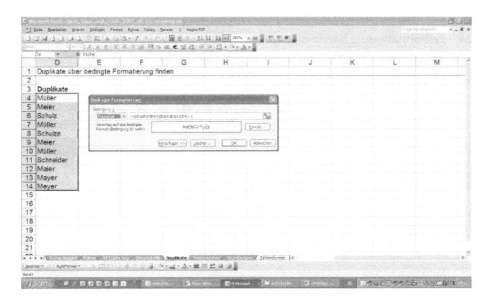

14 Zellformatierung bereinigen bei Datenimport

Um sicherzustellen, dass Zellen richtig formatiert sind, d.h. Textzellen als Text und Zahlzellen als Zahlen erkannt werden, wird folgende Vorgehensweise empfohlen:

🖱 Bereich markieren

🖱 Menü [Daten], Befehl [Text in Spalten]

Textkonvertierungsassistent - 1. Schritt:

angeben, dass die Daten Trennzeichen enthalten, dann Weiter

Textkonvertierungsassistent - 2. Schritt:

Die Trennzeichen definieren, dann Weiter

Textkonvertierungsassistent - 3. Schritt:

Hier das Datenformat definieren. Bei Zahlenangaben darauf achten, dass das Datenformat **Standard** ist, dann Fertig stellen.

15 Rechnen mit Datumsangaben

Um zwei Datumsangaben voneinander abzuziehen, kann man wie bei Zahlen vorgehen:

✎   = eingeben

✎   erste Zelle anklicken, in der Regel das spätere Datum

✎   Minuszeichen eingeben

✎   zweite Zelle anklicken

✎   mit Enter bestätigen

Die Tagesdifferenz wischen zwei Datumsangeben wurde errechnet.

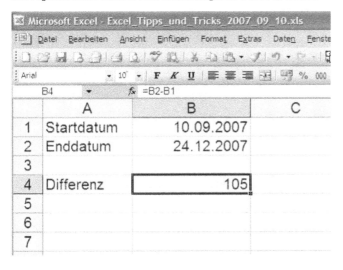

16   Zeilen fixieren

Um die erste Zeile und/oder erste Spalte in einem Tabellenblatt zu fixieren, geht man folgendermaßen vor:

↱ erste flexible Zelle anklicken

↱ Menü [Fenster], Befehl [Zellen fixieren]

Es können auch mehrere Spalten oder Zeilen fixiert werden.

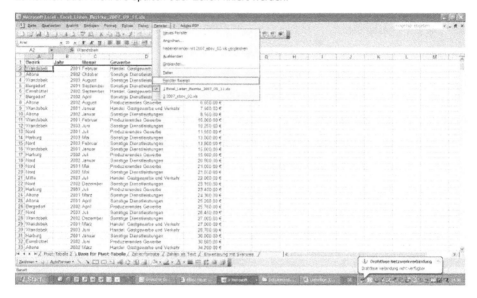

17 Ausdruck

Um die erste oder mehrere Zeilen im Ausdruck auf den einzelnen Blättern zu wiederholen, muss bei der Seiteneinrichtung eine Wiederholungszeilen eingestellt werden:

✎ Menü [Datei], Befehl [Seite einrichten], Register [Tabellen]

✎ hier Wiederholungszeilen einstellen, in dem diese im Tabellenblatt markiert werden

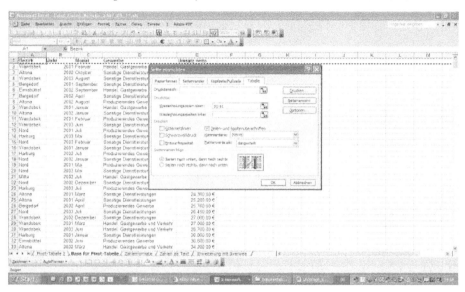

Um überlappende Spalten auf einem Blatt zusammenzuführen, kann man bei der Seiteneinrichtung festlegen, dass der auszudruckende Bereich in der Breite auf eine Seite gedruckt wird:

✎ Menü [Datei], Befehl [Seite einrichten], Register [Papierformat]

✎ Hier einstellen, dass die Tabelle auf einer Seite in der Breite und beliebig vielen Seiten in der Höhe ausgedruckt werden soll. Excel skaliert den Ausdruck so, dass alle Spalten auf einer Seite ausgedruckt werden und druckt so viele Blätter in der Höhe wie notwendig.

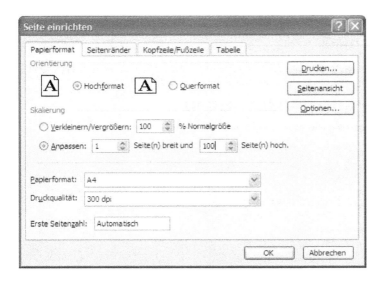

18   Beispiel: Altersberechnung in Excel

Das Geburtsdatum liegt als Zahlenfolge im Format 04051991 vor. Das Alter im Jahr 2008 soll berechnet werden.

⌐ Spalte für das Geburtsjahr erzeugen.

⌐ Im Funktionsassistent die Funkion RECHTS suchen.

⌐ Bei **Text** die Zelle mit dem Geburtstag anklicken.

⌐ Bei Anzahl Zeichen die Zahl 4 eintragen.

Nun gibt Excel in der Spalte Geburtsjahr nur das Geburtsjahr der Person wieder.

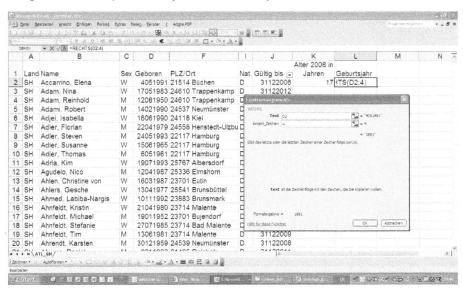

Nun das Geburtsjahr vom Jahr 2008 abziehen, dann erhält man das Alter in Jahren im Jahr 2008.

Alter zum heutigen Tag berechnen:

Nun lautet die Formel der Alterberechnung:

=Jahr(Heute())-L2

19   Beispiel: zwei Tabellen zu einer verbinden

Mit Hilfe der Funktion SVERWEIS kann man zwei Tabellen zu einer verbinden. Die Vorbedingung ist, dass beide Tabellen ein eindeutiges Kriterium enthalten.

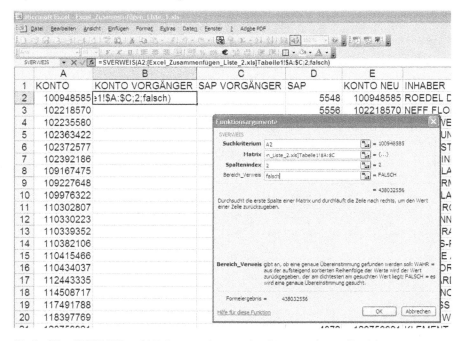

Die Funktion SVERWEIS sucht Daten aus einem senkrecht angeordneten Bereich.
In die Funktion müssen die Argumente Suchkriterium, Matrix, Spaltenindex und Bereich_Verweis eingeben werden.

- Das **Suchkriterium** ist der Wert, der in der Matrix gesucht wird -> hier der Wert, der in beiden Tabellen vorhanden ist: die Kontonummer.

- Die **Matrix** ist der senkrecht angeordnete Bereich, in dem gesucht wird. In diesem Beispiel die **zweite Liste**. Meist sollte die Matrix mit absoluten Zellbezügen eingegeben werden (d. h. den Zellbezug mit der F4-Taste absolut setzen).

- Der **Spaltenindex** ist die Zahl der Spalte im Bereich, die die gewünschte Information enthält, hier Spalte 2.

- Bereich_Verweis: Bei FALSCH wird nur nach **genau übereinstimmenden Werten** gesucht und die Matrix muss nicht sortiert sein.

20   Beispiel: Text verketten

Mit einer Formel und den Operatoren & kann man Text in einer Zelle verketten.

=Zelle1&" „&Zelle2

Im Beispiel:

=B6&" „&A6

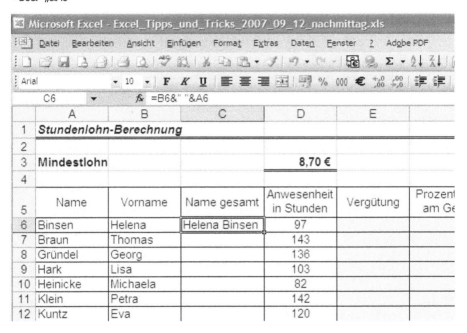

21   Beispiel: Text trennen

In der Spalte B stehen der Nachname und der Vorname, durch ein Komma und ein Leerzeichen getrennt. Vorname und Nachname sollen nun wieder separiert werden.

Um den Textteil links in der Zelle zu separieren, benötigt man die Funktion LINKS. Diese muss mit der Funktion FINDEN kombiniert werden, denn der Text soll am Komma getrennt werden. In der Regel wird in der Funktion links als Anzahl Zeichen ein fester Wert angegeben (bei PLZ und Ort wäre dies die Zahl 5, da PLZ in Deutschland immer fünfstellig sind). Vorname haben jedoch in der Regel eine unterschiedliche Anzahl an Zeichen. Mit der Funktion FINDEN kann die gewünschte Dynamik erzielt werden. Ihr wird als Parameter das Komma angegeben. Das Komma wird dann in der FINDEN-Funktion wieder abgezogen.

=LINKS(B2;FINDEN(",";B2)-1)

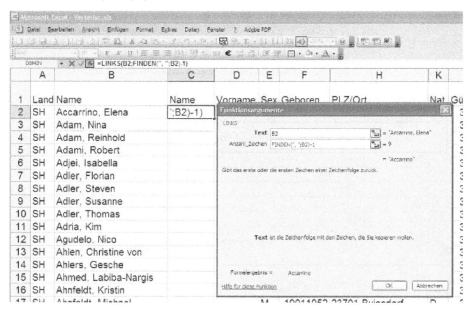

Etwas umständlicher ist es, den Vornamen abzutrennen. Nun muss die Funktion RECHTS verwendet werden. Die Funktion FINDEN alleine reicht nun hier nicht aus, denn sie ermittelt lediglich die Anzahl an Zeichen von links her gezählt, bis einschließlich dem Leerzeichen. Mit der Funktion LÄNGE erhält man die gesamte Anzahl an Zeichen, die sich in der Zelle befinden. Diese Werte subtrahiert ergeben die Anzahl an Zeichen, die der Vorname einnimmt.

=RECHTS(B2;LÄNGE(B2)-FINDEN(" ";B2))

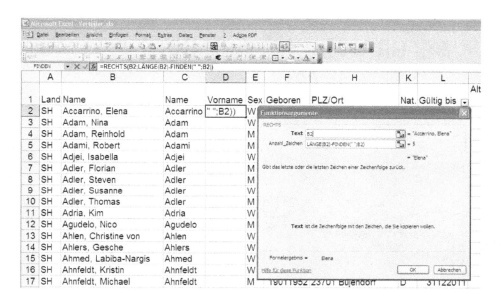

www.ingramcontent.com/pod-product-compliance
Lightning Source LLC
Chambersburg PA
CBHW031232050326
40689CB00009B/1576